AF532113

Winterzeit ist Wohlfühlzeit!
Bei einer heißen Tasse Tee
und am wärmenden Kaminfeuer
lädt diese Jahreszeit dazu ein,
wieder aufzutanken.

Stephan Sigg

Wärmende WINTERABENDE

GEDANKEN UND IMPULSE

Butzon & Bercker

INHALT

Liebe Leserinnen und Leser! ... 8

So können Sie sich von diesem Buch inspirieren lassen ... 10

Die Geschichten meines Lieblingspullovers ... 12

Gemeinsam den Stürmen trotzen ... 14

Zeit für Winterschlaf ... 18

Ein richtiger Winter ... 20

Den Mantel teilen ... 22

Die Kontrolle abgeben ... 26

Vorräte anlegen ... 28

Orientierung finden 30

Engel im Schnee 32

Eisblumen am Fenster 36

Das Zuhause neu kennenlernen 38

Sich um andere kümmern 40

Spuren im Schnee 44

Das Licht schützen 46

Das Kino im Fenster 48

Einzigartig 50

Zeit für eine Teepause 52

Der Stern von Bethlehem 56

An Wunder glauben 58

Eigene Wege gehen 60

Prägende Songs 64

Am gleichen Strang ziehen 66

Bunte Socken 68

Äste schütteln 70

Meine Kuscheldecke und ich 72

Wärmende Erinnerungen 76

Lange köcheln lassen 78

Seespaziergang 82

Kostbare Zeit 84

Kühlschrank-Meditation 86

Das echte Leben 88

Eine tragende Gemeinschaft 90

Verborgene Schätze 94

Erntezeit 96

Winterdomizil im Süden 100

Eine gerötete Nase 102

Den Nebel anders denken 104

Ich schütze mich 108

Kostbare Sonnenstrahlen 110

Atemberaubend normal 112

Schneemänner 114

Dem Frost die Stirn bieten 116

Wintersturm 118

Die Tür aufmachen 120

Wintersegen 122

LIEBE LESERINNEN UND LESER!

Es wird früh dunkel, die Temperaturen fallen unter null, die ersten Schneeflocken fallen – jetzt ist wieder Zeit, es sich drinnen gemütlich zu machen. Was gibt es Schöneres, als bei einer warmen Tasse Tee, eingepackt in den Lieblingspullover und dicken Wollsocken, und mit süßen Naschereien auf dem Sofa Zeit zu verbringen – allein oder zusammen mit anderen? Licht, Wärme, liebevolle Gesten und Geborgenheit tun jetzt besonders gut und werden dringend benötigt. Winterabende sind eine Einladung, zu entschleunigen und zur Ruhe zu kommen. Stress, Druck und der Ärger des Alltags

bleiben draußen vor der Tür. Winterabende sind die ideale Gelegenheit, um herauszufinden, welche Schätze in einem stecken und was für einen wirklich wichtig ist. Dabei kann ich Kraft tanken. Ich bekomme neue Inputs.

Die Impulse in diesem Buch helfen Ihnen dabei, die kalte Jahreszeit zu Hause zu genießen und als Wohlfühlzeit kennenzulernen. Ich wünsche Ihnen entspannte und lichtvolle Winterabende.

Stephan Sigg

SO KÖNNEN SIE SICH VON DIESEM BUCH INSPIRIEREN LASSEN …

- Blättern Sie das Buch durch und wählen Sie ein Beispiel aus, das Sie spontan an diesem Tag anspricht. Falls möglich, sehen Sie sich das Beispiel zu Hause oder draußen an. Lesen Sie dann den Text. Sie können sich auch vornehmen, an diesem Tag nach diesem Beispiel Ausschau zu halten.

- Machen Sie es sich jeden Abend gemütlich. Machen Sie dazu Ihr Handy aus. Denken Sie an den vergangenen Tag zurück und wählen Sie anschließend im Inhaltsverzeichnis das Beispiel aus, das Sie an diesem Tag beschäftigt hat oder dem Sie begegnet sind.

- Gönnen Sie sich mit diesem Buch täglich eine Pause – zu Hause in Ihrem Lieblingssessel – und lesen Sie jeweils einen Impuls. Sie können es auch auf Ihren Nachttisch legen und als Gute-Nacht-Lektüre genießen. So wird das Buch zu Ihrem Begleiter für mehrere Wochen.

- Sie können die Impulse der Reihe nach lesen, Sie können aber auch spontan an einer Stelle aufschlagen und sich von diesem »zufälligen« Beispiel inspirieren lassen.

DIE GESCHICHTEN MEINES LIEBLINGSPULLOVERS

Herbstzeit – es ist endlich wieder Saison für meinen Lieblingspullover. Er ist alles andere als eine Eintagsfliege. Ich kann mich noch genau erinnern. Urlaub in der Bretagne vor ein paar Jahren, ziemliches Pech mit dem Wetter. Dauerregen und Kühlschranktemperaturen. Der Pullover? Anfangs mehr Pragmatismus als Begeisterung, heute Liebe und Erinnerung: Er war so ziemlich das einzige Modell in diesem kleinen Dorfgeschäft, oben etwas zu weit, das Blau zu süß, und doch trage ich ihn jetzt schon so viele Jahre. Mit ihm habe ich schon den kältesten Wintertagen getrotzt.
Wie viele Klamotten in den letzten Jahren in meinen Schrank gewandert sind, viele haben ihn schon nach kurzer Zeit wieder verlassen – Fast-Fashion-Teile, die schon nach einer Saison wieder »out« oder einfach nicht mehr tragbar waren.

Doch mein Lieblingspullover tanzt aus der Reihe. Ich schaue ihn mir heute im Spiegel mal genauer an: Er hat schon ein paar Löcher, die Farbe ist inzwischen ziemlich ausgebleicht. Aber niemals würde ich ihn weggeben. Er hat schon so viel mit mir erlebt. Was er mir wohl alles erzählen könnte? Erinnerungen, die ich schnell wieder vergessen habe? Der Pullover erinnert mich daran, wie gut Langfristigkeit tut: Es muss nicht ständig etwas Neues sein. Davon profitiert nicht nur die Umwelt, sondern ich. Alles um mich herum wird zum großen Erinnerungskasten. Ich trage nicht irgendwelche Stoffhüllen, sondern kleide mich mit Geschichten.

Bei meinem Lieblingspullover denke ich an so vieles: den Urlaub in der Bretagne, lange Spielnachmittage mit den Nachbarn, Schlittenfahrt am einzigen Schneetag im vergangenen Winter, die Glühweinabende mit meinen Kolleginnen auf dem Weihnachtsmarkt. Auch Bewährtes hat seinen Reiz, man kennt sich immer besser, und manchmal dauert es, bis man erkennt, was einem wirklich guttut. Heute Abend schaue ich mal in meinen Schrank und finde heraus, welche Kleidungsstücke sonst noch Geschichten beinhalten …

GEMEINSAM DEN STÜRMEN TROTZEN

Ein einsames Häuschen in den Bergen oder auf dem Land, weit und breit keine Nachbarn – oder doch lieber mitten im Dorf, die nächsten Menschen nur ein paar Meter entfernt? In Weihnachtsfilmen werden oft idyllische Aufnahmen von tief verschneiten Berghütten, die weit weg von allen anderen sind, gezeigt. Und auch in vielen bekannten Musikvideo-Clips wird dieses romantische Ideal präsentiert. Ganz für sich allein, niemand weit und breit. Einverstanden: So ganz ohne Nachbarn ist man ungestört, keine Lärm-Emissionen stören die Ruhe. Doch tut es mir wirklich gut, für längere Zeit so zurückgezogen und von der Welt abgeschnitten zu sein? Und was, wenn mal etwas passiert? Pittoreske Bergdörfer versuchen mit einem anderen Sujet, Urlauber anzulocken: ein heimeliges Dorf, in dem die kleinen Häuser zwar ziemlich nah aneinanderstehen. Die Häuser wirken so, als würden sie sich gegenseitig Schutz und Wärme geben. Und wahrscheinlich wurden sie früher gerade auch deshalb so gebaut. Es war die einzige Möglichkeit, langfristig der Witterung zu trotzen.

Auch wenn Menschen zusammenstehen,
kann uns selbst der größte Sturm nichts anhaben.
Wir können uns gegenseitig Wärme und Schutz geben und
gegenseitig stützen, gerade an dunklen Tagen.

Heute wird die traditionelle Idee der Dorfgemeinschaft wieder neu entdeckt. Der Alltag wird einfacher und unkomplizierter, wenn man sich kennt und im Austausch steht, sich gegenseitig unterstützt. Da kann man sich auch darauf verlassen, dass die Nachbarin ein Paket entgegennimmt oder sie aufsperrt, wenn der Handwerker in meine Wohnung muss.

Glück ist:
Der Weg vom Ich,
zum Du,
zum Wir.

Ruth Plege

Mögen dir
an kalten Abenden
warme Worte gesagt werden,
in dunklen Nächten
ein Vollmond scheinen
und möge der Weg
bis zu deiner Haustür
eben sein.

Irischer Segenswunsch

ZEIT FÜR WINTERSCHLAF

Die Tage sind von früh bis spät durchgetaktet und zum Bersten voll mit Aufgaben. Der Schlaf kommt dabei oft zu kurz. Ausschlafen? Wer kann sich diesen Luxus noch erlauben? Wenn jemand sich als Schlafmütze outet, wird er im besten Fall belächelt, im schlimmsten als Faulenzer abqualifiziert. Wie wichtig Ruhe- und Regenerationsphasen sind, zeigt die Natur in diesen Monaten sehr deutlich. Für viele Tiere ist der Winterschlaf bis heute eine Selbstverständlichkeit und sichert das Überleben. Sie fahren die körperlichen Funktionen herunter, um mit möglichst wenig Energie durch die kalten Monate zu kommen. Anstatt mich mit noch mehr Kaffee und Energydrinks aufzuputschen, kann ich der natürlichen Einladung folgen: Die Tage werden kürzer – Zeit, sich mehr Schlaf zu gönnen. Fehlende Pausen und Schlafmangel wirken sich nicht nur auf den Körper und die Psyche, sondern auch auf die Kreativität aus.

Gönnen Sie dem Wecker
am Wochenende eine Pause!
Wer ausgeschlafen ist,
ist entspannter und hat
auch mehr kreative Einfälle.

EIN RICHTIGER WINTER

Voller Sehnsucht verfolge ich ab dem Spätherbst die Wettervorhersagen: Wann kommt endlich der erste Schnee? Meistens wird es eine Geduldsprobe. Ein schneereicher Winter ist in Zeiten der Klimaerwärmung immer mehr eine Seltenheit. „Früher waren die Winter noch richtige Winter", höre ich oft andere klagen. Es ist dabei eine große Portion Nostalgie im Spiel. Wer in der warmen und gut isolierten Stube sitzt, das Zimmer von stylishen Lampen erhellt, und auch mitten im Dezember aus Übersee importierte Früchte genießt, dem fällt es leicht, sich nach harten Wintern zurückzusehnen. Über eines spricht kaum einer: Noch vor einigen Jahrzehnten

waren die Winter für viele alles andere als gemütlich und romantisch. Kälte, Dunkelheit, ein Mangel an Lebensmitteln setzten den Menschen nicht nur psychisch, sondern auch körperlich zu. Und auch heute fehlen vielen die luxuriösen Möglichkeiten, wohlig gewärmt und mit einer üppigen Palette an Leckereien durch die Wintertage zu kommen.
Nostalgie zeigt oft nur eine Seite der Medaille. Früher war alles besser? Oft werden dabei eine Menge Aspekte, die nicht in dieses Bild passen, ausgeblendet. Deshalb nehme ich mir vor, anstatt vergangene Zeiten zu verklären, besser den Fokus darauf zu richten, wie reich und vielfältig mein heutiger Alltag ist.

Wofür bin ich im Winter besonders dankbar? Welche Selbstverständlichkeiten sind alles andere als selbstverständlich?

Den Mantel teilen

Als ich den Supermarkt verlasse, fällt mein Blick auf die junge Frau. Sie sucht unter dem Vordach Schutz vor Kälte und Nieselregen, eingepackt in einen Schlafsack. Die meisten Passanten gehen an ihr vorbei, einige sind so in ihre Gedanken vertieft, dass sie ihnen gar nicht auffällt, manche schauen bewusst weg, um nicht mit ihr konfrontiert zu werden. Ob das damals auch so war?

Wie viele sind vorübergegangen,
bis der heilige Martin
auf seinem Pferd auftauchte?

Als er den frierenden Mann auf der Straße entdeckte, blieb er stehen: Er hat seinen Mantel geteilt. Der heilige Martin gilt bis heute als eindrückliches Beispiel für gelebte Nächstenliebe. Erfreulicherweise ist die Bereitschaft zum Spenden groß. Bei Spendensammlungen kommen oft beeindruckende Beiträge zusammen. Ein paar Euro abzugeben, das fällt nicht schwer.

Doch ganz spontan im Alltag helfen?
Das erfordert Spontanität, Mut, Zivilcourage.
Wie leicht fällt es mir, mich am
heiligen Martin zu orientieren?
Wann habe ich das zuletzt getan?

Da, wo Liebe ist,
ist der Sinn
des Lebens erfüllt.

Dietrich Bonhoeffer

Gebt, was ihr habt,
dann werdet ihr so überreich
beschenkt werden,
dass ihr gar nicht
alles aufnehmen könnt.

Lukas 6,38

DIE KONTROLLE ABGEBEN

Laut jauchzend sausen die Kinder auf ihren Schlitten den Hügel hinunter. Kaum sind sie unten angekommen, ziehen sie den Schlitten hinauf und das Ganze beginnt von vorne.

Wann bin ich das letzte Mal mit dem Schlitten gefahren? Das ist lange her.

Als Erwachsener sehe ich eher die Gefahren als den Spaß: Ein Schlitten lässt sich nicht gut steuern. Auf der Rodelpiste geht es oft rabiat zu und her – was, wenn ein anderer mich rammt? Oder wenn ich selbst nicht mehr bremsen kann?

Ich muss den Mut haben, die Kontrolle ein Stück weit abzugeben. Und wer gibt schon gerne die Zügel aus der Hand? Doch gerade wer total fixiert darauf ist, alles unter Kontrolle zu haben und steuern zu können, wird oft eines Besseren belehrt. Eine Schlittenfahrt kann die beste Übung sein, spielerisch mit Überraschungen und Unberechenbarkeiten umzugehen. Pisten-Helden wissen: Ab und zu rast man vielleicht über eine unerwartete Unebene, manchmal kann man nur in letzter Sekunde ausweichen, aber das endet selten in der Katastrophe.

Mit etwas Balance und Flexibilität haut es mich nicht so schnell um und auch nicht vom Schlitten. Wer die Schlittenfahrt genießen will, muss den Kopf ausschalten und wieder ein Stück werden wie ein Kind.

VORRÄTE ANLEGEN

Unsere Vorfahren nutzten die warmen Tage des Sommers, um für den Winter vorzusorgen: Die Speisekammern und Keller wurden mit der Ernte gefüllt. Nur mit entsprechenden Vorräten kam man durch die kalten Monate. Zum Glück ist es heute ganz anders: Wir dürfen darauf vertrauen, dass Bauern und Konzerne die Ernte sicher lagern. Und sonst finden wir auch in den Tiefkühltruhen bei uns zu Hause oder in den Supermärkten laufend Nachschub. Speiseknappheit oder -einfalt in den Wintermonaten? Heute Fehlanzeige. Wir müssen uns heute kaum noch um Nahrungswintervorräte kümmern. Es bleibt umso mehr Zeit, sich auf andere Vorräte zu konzentrieren: Ich kann mich an den vergangenen Sommer erinnern und mir nochmals alle Erlebnisse und schönen Momente mit lieben Menschen in Erinnerung rufen. Es kann eine Hilfe sein, auf dem Handy Fotos von den letzten Monaten anzusehen. Sich von diesen Erinnerungen wärmen zu lassen, ist ein bisschen Trainingssache:

Wer es regelmäßig macht,
dem fällt es auch immer leichter,
in diese Erinnerungen einzutauchen.
An welche Erlebnisse, Ausflüge, Treffen
denke ich gerne zurück?

Orientierung finden

In einer tief verschneiten Winterlandschaft unterwegs zu sein erfordert Konzentration: Alles ist von Schnee bedeckt, Weiß, so weit das Auge reicht. Da kann man leicht die Orientierung verlieren. Wege, Zäune und eben auch Wegweiser sind kaum zu erkennen. Alles sieht gleich aus. Jetzt heißt es bloß nicht panisch werden. Viele haben sich in solchen Momenten schon total verirrt oder verlaufen, weil sie blind waren vor Angst und keinen klaren Gedanken fassen konnten. Während manche ständig den Durchblick haben müssen und alle paar Schritte überprüfen, ob sie ja auf dem richtigen Weg sind, bleiben andere cool: Wenn nicht gerade ein Unwetter oder eine andere Gefahr droht, kann mir auf meiner Winterwanderung nicht so schnell etwas passieren.

Warum nervös werden,
nur weil ich mich gerade nicht auf
Wegweiser verlassen kann?
Ist mein Vertrauen so klein?
Woran orientiere ich mich im Leben?
Welchen „Wegweisern" folge ich?

ENGEL IM SCHNEE

Auf meinem Spaziergang entdecke ich im verschneiten Hang gleich zwei Engel im Schnee – einen großen und einen kleinen Engel. Offensichtlich haben sich ein Erwachsener und ein Kind in den Schnee gelegt und mit Armen und Beinen Abdrücke produziert, die wie die Flügel eines Engels aussehen. Wer hat sich da im Schnee verewigt? Ein Opa mit seinem Enkel vergnügt auf dem Winterspaziergang – oder ein Vater/eine Mutter und sein/ihr Kind? Es gut tut, Darstellungen von Engeln zu sehen. Sie erinnern mich:

Ein Engel passt auf mich auf,
ich bin von Gottes Boten behütet.

Auch wenn sie unsichtbar sind, sind sie immer an unserer Seite. In den Schneeengeln, die die Unbekannten hinterlassen haben, steckt eine zweite Botschaft:

Auch wir alle können Engel für andere sein.
Gerade in dieser Zeit und gerade jetzt,
an dunklen Winterabenden,
werden Engel dringend benötigt:

Engel, die andere aufheitern, Engel, die Einsame besuchen, Engel, die Gestresste zur Ruhe mahnen, Engel, die anderen eine andere Sicht der Dinge vermitteln, Engel, die Anlässe für die Gemeinschaft auf die Beine stellen. Was für ein Engel möchte ich sein? Ich lege mich in den Schnee, strecke Beine und Arme aus und hinterlasse meine Engelsspuren.

Wenn man ganz leise ist
und die Augen schließt,
dann spürt man seine Nähe –
den Schutzengel,
der uns nie verlässt.

Klara Löwenstein

Manche Engel
haben keine Flügel,
sie sind einfach da,
wenn man sie braucht,
und sehen aus
wie du und ich –
eher wie du.

Ruth Rau

EISBLUMEN AM FENSTER

Eisblumen sind heute eine Kostbarkeit. Nur bei Häusern mit alten, nicht gut isolierten Fenstern können Eisblumen entstehen. Und heutzutage sind die Fenster bei fast jedem Haus mehrfach verglast. Das ist energietechnisch sinnvoll, aber Eisblumen können sich so nicht bilden.

Eisblumen sind fast
so wie Korallen im Meer:
Sie entstehen nur unter
ganz besonderen Bedingungen.

Neben tiefen Temperaturen benötigen sie Staubkörner. Es wird also nur belohnt, wer nicht unter Perfektionismus leidet und ständig alles blitzblank putzt. Woher kommt der Druck, dass unsere Wohnungen klinisch rein sein müssen? Wer hat das erfunden? Eisblumen zeigen, dass selbst so etwas Störendes wie Staub für etwas gut ist. Betrachten wir das als ein Geschenk, wenn nicht sogar als Belohnung: Toll, dass du auch mal Fünfe gerade sein lässt! Und sind die düsteren Wintertage nicht der beste Zeitpunkt, um etwas gelassener zu werden und einfach auch mal nichts zu tun?

Wie genau nehme ich es mit der Ordnung zu Hause? Wie sehr lasse ich mich vom Perfektionismus unter Druck setzen?

DAS ZUHAUSE NEU KENNENLERNEN

Draußen ist es mehrere Grade unter null. Gibt es da etwas Schöneres, als zu Hause zu bleiben? Doch kaum hat man es sich im Wohnzimmer gemütlich gemacht und lässt entspannt den Blick durch den Raum schweifen, fällt einem auf, was einem im Sommer nie aufgefallen wäre: Der Sessel ist schon ziemlich durchgesessen und sollte dringend erneuert werden. Und wollte ich mir nicht schon längstens neue Vorhänge kaufen? Man sehnt sich nach Veränderung. Doch bietet nicht gerade das immer Gleiche die Chance, alles immer noch besser kennenzulernen? Dass man sein Zuhause in- und auswendig kennt und es keine Chancen für neue Entdeckungen mehr gibt, ist ein Trugschluss. Denn kürzlich wurde ich eines Besseren belehrt: Ziemlich naiv habe ich ein Experiment gewagt und habe mich mit geschlossenen Augen durch die Wohnung bewegt. Was für eine Überraschung – schon nach ein paar Schritten habe ich mein Knie angestoßen. Ich habe mir meine Räume doch nicht so verinnerlicht wie gedacht. Oft meint man bloß, alles bestens zu kennen. Ist das nicht auch so in vielen anderen Lebensbereichen?

Ich nehme mir vor,
mein Zuhause neu kennenzulernen.
Was gefällt mir an meinem Zuhause?
Welche Entdeckungen überraschen mich,
wenn ich mir mal Zeit nehme, meine Wohnung
genauer anzusehen?

Sich um andere kümmern

Endlich weiß ich, wer immer wieder Futter in das Vogelhäuschen vor unserem Haus legt. Heute Morgen habe ich meine Nachbarin, die in der Wohnung gegenüber wohnt, in flagranti erwischt. Sie ist in den Garten getappt und hat Körner nachgefüllt. Es dauerte nicht lange, bis sich die ersten Vögel gierig darauf stürzten. Es ist für sie so ziemlich die einzige Nahrungsquelle in diesen kargen Monaten. Wie gut, dass es Menschen gibt, die sich um andere kümmern! Wie meine Nachbarin sind es oft stille Heldinnen und Helden, die sich für andere engagieren – unbemerkt und vor allem, ohne ein Dankeschön zu erwarten. Wem könnte ich mal Danke sagen? Insgeheim denke ich: Wie schön wäre es, wenn sich auch mancher so liebevoll um mich kümmern würde wie die Nachbarin um die Vögel! Jemand, der mir die Wünsche von meinen Lippen abliest. Der um mein Wohl besorgt ist. Der einfach an mich denkt und sich erkundigt: Wie geht es dir?

Da fällt mir ein:
Wenn ich mich gerade total einsam
fühle, darf ich darauf vertrauen:
Gott kümmert sich immer um mich.
Und um wen kümmere ich mich?

Die erste Frage
soll nicht sein:
Was kann ich von meinem
Nächsten erwarten?
Sondern: Was kann der
Nächste von mir erwarten?

Friedrich von Bodelschwingh

Stell dir vor,
du würdest dir selbst
die Zuwendung
und Geborgenheit geben,
die du anderen gibst.
Was würde sich ändern?

Ruth Plege

Spuren im Schnee

Ich bin kein guter Fährtenleser. Deshalb betrachte ich ratlos die Spuren vor mir im Schnee: Stammen sie von einem Hund, einem Hasen oder einem Reh? Und welchen möchte ich folgen? Eines kapiere ich sofort: Jedes Tier hinterlässt ganz eigene Abdrücke. Und ich? Welche Spuren hinterlasse ich – in meiner Familie, in meiner Nachbarschaft, in meinem Freundeskreis, in meiner Firma?

An welchen Spuren bin ich zu erkennen?

Bin ich jemand, der bekannt ist für seinen Humor und seine Großzügigkeit bei Komplimenten und bestärkenden Rückmeldungen, für seine Zuverlässigkeit? Bin ich ein Geheimnis-Bewahrer, einer, der andere mit den richtigen Fragen zum Nachdenken bringt, der andere an der Hand nimmt und begleitet? Oder eher der Blockierer und Verhinderer, jemand, der jede Motivation im Keim erstickt? Oder bringe ich mich fast nie ein und beziehe keine Stellung, werden meine Spuren gar nicht wahrgenommen?

Welche Spuren
möchte ich hinterlassen?

DAS LICHT SCHÜTZEN

Eine brennende Kerze ist den windigen Winternächten hoffnungslos ausgeliefert. Doch stellt man sie in eine Laterne, können ihr Wind, Sturm und Regen nichts anhaben. Ein einzelnes Licht kann ein mächtiges Zeichen im Dunkeln sein, aber manchmal ist es auf Schutz angewiesen.

An Weihnachten feiern wir
die Geburt von Jesus.
Jesus ist wie ein
Licht für die Menschen.

Dieses Licht ist so mächtig, dass selbst die dunkelsten Mächte es nicht auslöschen konnten. Bis heute zieht dieses besondere Licht Menschen auf der ganzen Welt an. An Weihnachten wird es in Form des Friedenslichts symbolisch auf der ganzen Welt verteilt. Jesus hat den Menschen beigebracht: Auch in jedem von uns steckt ein göttliches Licht. Doch so wie wir im Winter die Kerzen in die Laterne stellen, heißt es auch, dem Licht in uns und im anderen Sorge zu tragen. Enttäuschungen und Verletzungen tun nicht nur weh, sie können auch unser „Licht" immer mehr verschütten.

Wenn wir achtsam
miteinander umgehen, wird uns bewusst,
dass wir von vielen Lichtern umgeben sind.
Wir alle sind kostbar und
schützenswert.

Das Kino im Fenster

Wer an dunklen Winterabenden spazieren geht, für den ist jede Lichtquelle eine wohltuende Unterbrechung. Wenn ich durch die Dunkelheit unterwegs bin, achte ich auf die hell erleuchteten Fenster und lasse dabei auch meine Gedanken spazieren gehen:

Welche Geschichten verbergen sich hinter jedem Fenster?
Was für Menschen leben dort?

Was beschäftigt sie? Ich weiß: Solche Aktionen haben kein gutes Image. Sie werden meistens als Voyeurismus abgetan,

doch mein Beobachten hat ein anderes Ziel: Ich bin nicht auf der Suche nach dem neusten Klatsch oder einer Peinlichkeit. Ich will meine Empathie schulen und mir bewusst machen, von wie viel Vielfalt ich umgeben bin. Jeder lebt auf seine Weise. Das zeigt sich an der Einrichtung, an den Speisen auf den Tischen, an der Art, wie Menschen miteinander umgehen. Es ist deshalb bedauerlich, dass heute in manchen Straßen hell erleuchtete Fenster Mangelware sind. Viele lassen im Herbst und Winter schon am frühen Nachmittag die Rollläden herunter oder ziehen die dicken Vorhänge zu. Ist die Angst so groß, beobachtet zu werden? Häuser mit hell erleuchteten Fenstern wirken einladender und freundlicher.

Welche Licht-Entdeckungen
mache ich auf meinen Spaziergängen?
Wie wirkt mein Haus, meine Wohnung
von außen auf andere?

EINZIGARTIG

Die Schöpfung ist voller beeindruckender Wunder. Das lässt sich nicht nur im Sommer, sondern gerade auch im Winter beobachten: Wissenschaftlerinnen und Wissenschaftler gehen heute davon aus, dass jeder Eiskristall ein Original ist – er gleicht keinem anderen.

Je nach Luftfeuchtigkeit
und Temperaturen nimmt jeder Eiskristall
eine eigene Form an.
Die Vielfalt dieser Formen
sei fast unendlich.

Einzigartig sein hat heute ein ambivalentes Image: Einerseits ermutigen einen unzählige Ratgeber und Coaches, seinen ganz eigenen Weg zu gehen und authentisch zu sein. Dieser Lifestyle wird heute so offensiv promotet, dass es eigentlich bald von Pippi Langstrumpf und anderen markanten Charaktertypen nur so wimmeln müsste. Andererseits wird es von der Gesellschaft dann doch nicht goutiert, wenn jemand aus der Reihe tanzt. Warum schaffen es viele nur mit Coaching, ganz sie selbst zu werden und herauszufinden, was sie einzigartig macht? Wie wäre eine Gesellschaft, die tatsächlich einen unverkrampften, wertschätzenden Umgang mit Originalen kennen würde?

*Jedes Eiskristall ist ein Original,
sie sind alle verschieden, aber trotzdem
jeder schön, so wie er ist.*

Zeit für eine Teepause

Zehn Minuten ziehen lassen – in dieser Zeit könnte ich: die Geschirrspülmaschine ausräumen, die Wäsche abnehmen, im E-Banking die fälligen Zahlungen erledigen ... Wie fast jeder bemühe auch ich mich um Effizienz. Bloß keine Zeit vertrödeln! Meine To-do-Liste ist sowieso schon viel zu lang. Heutzutage steht alles auf Knopfdruck zur Verfügung. Zeit ist Geld. Es muss alles schnell gehen. Warten ist verpönt. Doch kommen einem oft nicht gerade beim Warten – in sogenannten Leerzeiten – die besten Ideen? Zum Glück steht der Tee nicht gleich auf Knopfdruck bereit. Tee trinken heißt für mich Entschleunigung. Ich mache es heute mal anders. Ich bin verschwenderisch und koste die zehn Minuten aus. Meine Teepause beginnt schon bei der Zubereitung, bevor der Tee trinkbereit ist. Die zehn Minuten gehören mir.

Wofür nutze ich heute
bei der Teezubereitung
meine zehn Minuten?
Was wollte ich mir schon länger
wieder mal durch den Kopf
gehen lassen?

Denke immer daran,
dass es nur
eine wichtige Zeit gibt:
Heute. Hier. Jetzt.

Leo Tolstoi

Einfach mal
eine Pause einplanen,
in der man nichts macht
und es sich gut gehen lässt –
das ist oft die beste
Art und Weise, das Glück
in sein Leben einzuladen.

Franz Hübner

Der Stern von Bethlehem

Eines Nachts machten die Sterndeuter im Osten am Himmel eine besondere Entdeckung: einen außergewöhnlichen Stern mit langem Schweif. Sie wussten: Das ist ein Zeichen, wir müssen dem Stern folgen. Sie machten sich auf nach Bethlehem zur Krippe von Jesus. Offensichtlich waren die Sterndeuter neugierige Forscher. Sie beobachteten genau und waren offen für Neues. Wie wären sie sonst auf den besonderen Stern aufmerksam geworden? Der Weihnachtsgeschichte in der Bibel würde ein wichtiger Abschnitt fehlen ... Wäre der Stern von Bethlehem auch mir aufgefallen? Ich bin oft so auf meinen Alltag fixiert, dass ich vieles ausblende. Durch den Tunnelblick sehe ich oft nur Ausschnitte und verpasse, dass sie nur Teile des Ganzen sind. Würde ich mitbekommen, wenn heute plötzlich ein besonderes Zeichen zu sehen wäre?

Der Stern von Bethlehem
hat die Sterndeuter zur Krippe geführt.
Wenn wir heute diese Erzählung lesen, ist sie
für uns auch eine Erinnerung, achtsamer durchs Leben
zu gehen und uns wieder mehr Bewusstsein anzueignen,
dass Gott viele Zeichen schickt.

Klare Winternächte eignen sich perfekt, um die Sterne zu beobachten und über die großen Fragen nachzudenken oder zu analysieren, welche wichtigen Zeichen in letzter Zeit unbemerkt geblieben sind. Wann habe ich das letzte Mal zum Himmel geschaut?

AN WUNDER GLAUBEN

Anfang Dezember mache ich mich auf die Suche nach einem Kirschbaum, ich breche einen kleinen Zweig ab und stelle ihn zu Hause ins Wasser. Ich pflege diese Tradition schon seit meiner Kindheit. Ich weiß, was an Weihnachten passiert, es ist keine Überraschung, und trotzdem bin ich immer wieder neu fasziniert: Mitten im Winter beginnt der Zweig zu blühen. Es gibt verschiedene Legenden über die heilige Barbara, auf die der Brauch der Barbarazweige an ihrem Gedenktag am 4. Dezember beruht. Als sie ins Gefängnis gebracht wurde, soll sich ein Zweig in ihrem Kleid verfangen haben. Sie nahm ihn mit in ihre Zelle. Als der Zweig plötzlich zu blühen begann, sah sie das als ein Zeichen von Gott: Er ist bei mir, er lässt mich nicht im Stich. Zweige, die mitten im Winter Blüten tragen, sind wie ein Wunder. Sie sagen uns: Nichts ist unmöglich. Selbst in der größten Kälte, selbst an den dunkelsten Tagen sind Wunder möglich. Wunder können jederzeit passieren. Wenn ich am 4. Dezember einen Zweig ins Wasser stelle, werde ich Teil von einer großen Gemeinschaft:

*Ich bin einer von vielen Menschen weltweit,
die auf die Hoffnung setzen und die
trotz allem, was in unserer Welt passiert,
den Glauben an das Gute und gute
Wendungen nicht aufgeben.*

EIGENE WEGE GEHEN

Erst heute Nacht hat es geschneit, doch im Stadtpark haben Spaziergänger und Gassi-Geher schon unzählige Spuren auf der weißen Fläche hinterlassen. Eines fällt auf: So viele haben denselben Pfad genommen und den Schnee an der genau gleichen Stelle platt gedrückt. Links und rechts davon ist der Schnee noch unberührt.

Ich habe keine Lust auf die ausgetretenen Pfade.

Es widerstrebt mir, es den anderen Spaziergängern gleichzutun. Ich stapfe in den Schnee hinein und gehe meinen eigenen Weg. Als ich über die Schultern einen Blick zurückwer-

fe, sehe ich meine Spuren. Sie heben sich deutlich ab vom allgemeinen Trampelpfad. Warum genau das machen, was viele andere schon gemacht haben? Hätten sich all die Forscherinnen, Wissenschaftler, Künstlerinnen ... auch an diese Lebenseinstellung gehalten, wären viele bahnbrechende Erfindungen nie zustande gekommen. Logisch:

Wer eigene Wege geht,
kann auch mal in einer Sackgasse landen oder stolpern.
Aber es ist ein eigener Weg mit ganz eigenen Erfahrungen.

Und sind es oft nicht gerade diese bewusst eingeschlagenen Pionierwege, bei denen spannende Abenteuer auf einen warten? Es gibt schon zu viele, die es gleich machen. Aber es gibt keinen, der es so macht wie ich. Vielleicht ermutigen meine Spuren andere. Sie sehen sie und bekommen Lust, auch ihre ganz eigenen Spuren zu hinterlassen.

Ich behüte dich,
wo du auch hingehst.

1. Mose 28,15

Gehe nicht,
wohin der Weg führen mag,
sondern dorthin,
wo kein Weg ist,
und hinterlasse eine Spur.

Jean Paul

PRÄGENDE SONGS

Fast überall wird man heute mit Musik konfrontiert. Online stehen Millionen Songs jederzeit auf einen Klick bereit. Da ist man manchmal fast schon dankbar, wenn es mal still ist. Was wohl Menschen aus dem Mittelalter zu unserer heutigen musikalischen Realität sagen würden? Damals war Musik etwas Exklusives: Nur Live-Musik konnte genossen werden. Überraschenderweise hat die Vinyl-Schallplatte in den letzten Jahren wieder an Bedeutung gewonnen. Immer mehr junge Menschen hören ihre Musik – so wie das ihre Großeltern und vielleicht auch noch Eltern gemacht haben

– auf Schallplatten. Sie begründen das mit dem Klang, aber auch mit dem Erlebnis: Ich muss alle paar Songs die Platten wechseln, ich kann nicht vor- und zurückspulen. Ich bin gezwungen, mich ganz auf einen Song einzulassen. Musik ist auf einmal wieder etwas Kostbares. Die Songs sind keine Hintergrundberieselung. Ich muss mich bewusst hinsetzen oder hinlegen und einen Song ganz aufmerksam aufnehmen. Winterabende sind die beste Gelegenheit, musikalisch zurückzublicken und in der eigenen Musikbiografie zu stöbern. Ich höre Songs, die vor zehn, zwanzig, dreißig Jahren wichtig waren und mit denen ich viele Erinnerungen verbinde.

*Welche Songs haben mich geprägt?
Welche Songs, die mich glücklich machen,
habe ich schon lange nicht mehr gehört?*

AM GLEICHEN STRANG ZIEHEN

Ein Reißverschluss ist so selbstverständlich, dass niemand über seine Funktionsweise nachdenkt – außer, der Verschluss bleibt plötzlich stecken. Die Zähnchen beider Seitenteile müssen optimal aufeinander abgestimmt sein, damit sich der Verschluss nach oben ziehen lässt. Alle Beteiligten müssen perfekt aufeinander abgestimmt sein. Wenn sich auch nur ein Zähnchen querstellt, hakt es und ich muss frieren. Das Miteinander wird auch im Alltag oft für selbstverständlich genommen. Sich Gedanken zu machen, ob und wie die Zusammenarbeit funktioniert, wie es allen Beteiligten geht, was sie sich wünschen, was sie vermissen, das geht im Alltagsstress oft unter. Erst wenn jemand ausfällt, lauthals rebelliert oder es zu Konflikten kommt, wird es zum Thema gemacht. Dann ist es meistens zu spät. Eine Menge Geld muss in Supervisionen gesteckt werden. Der Nutzen oft ungewiss. Warum fehlt so oft das Bewusstsein, dass Teamkultur aktiv aufgebaut werden muss?

Wo Menschen zusammenarbeiten, kommen verschiedene Charaktere und Bedürfnisse zusammen. Dazu gehört auch, sich selber immer wieder mal zu fragen, wofür man dankbar ist und was einem fehlt.

Verändern kann ich nur, wenn ich meine Bedürfnisse kenne und sie artikulieren kann. Weil das so oft vergessen wird, ist der Reißverschluss meiner Jacke mein tägliches Memo daran.

Meine Waschmaschine scheint sich gegen mich verschworen zu haben. Oder will sie mich heute wieder mal necken? Immer wenn ich die Wäsche herausnehme, fehlt ein Strumpf. Ich suche die Wäscheleine nach dem zweiten weißen Strumpf ab. Doch vergeblich – vom Strumpf ist weit und breit keine Spur. Wenn ich den Bus nicht verpassen will, bleibt mir nichts anderes übrig, als Strümpfe in zwei verschiedenen Farben anzuziehen. Im Büro fällt das einer Kollegin sofort auf. Lachend rät sie mir: »Kauf nur noch Socken in der gleichen Farbe – dann passen sie immer zusammen.« Eine praktische Idee, aber irgendwie auch ziemlich eintönig. Immer nur weiß oder schwarz? Ich liebe die Abwechslung. Als ich abends nach Hause komme, habe ich mich an die Strümpfe in den verschiedenen Farben schon gewöhnt.

Ich erinnere mich daran:
Es ist nichts dabei,
auch mal aus der Reihe zu tanzen.
Vielfalt bereichert.

Äste schütteln

Dichtes Schneetreiben und das schon den ganzen Tag. Bäume und Sträucher sind unter der Schneemasse begraben. Am Nachmittag wagt sich mein Nachbar, dicht eingepackt, in den Garten. Er befreit die Äste vom Schnee. Er schüttelt Ast für Ast. Es braucht nicht viel Muskelkraft und geht auch ganz schnell und schon ist das Problem behoben. Von drinnen beobachte ich, wie die Äste federnd nach oben springen. Der Schnee wirbelt durch die Luft, nach ein paar Minuten sieht mein Nachbar aus wie von Puderzucker bedeckt. Als er fertig ist, lächelt er mich zufrieden an. Wenn man im Alltag doch auch nur so klar mitbekommen würde, wo unsere Hilfe gefragt ist! Es braucht oft jede Menge Empathie, um das herauszufinden. Kaum jemand läuft mit einem Schild herum: »Ich brauche Hilfe.« Wenn eine zweite Person einem unter die Arme greift, lässt sich oft selbst Komplexes schnell beheben.

*Was für einen allein unbezwingbar ist,
ist zu zweit ein Kinderspiel. Trotzdem:
Vielen fällt es nicht leicht,
um Unterstützung zu fragen.
Wie leicht fällt es mir, andere
um Hilfe zu bitten?*

MEINE KUSCHELDECKE UND ICH

Ich mache es mir heute mit meiner Kuscheldecke gemütlich. Sie hat mich schon an vielen Winterabenden gewärmt. Besonders nach Tagen, die alle meine Nerven geraubt und mich mit so vielem Negativen konfrontiert haben. Da gibt es nichts Schöneres, als es mir mit der Kuscheldecke vor dem Fernseher oder mit einem Buch gemütlich zu machen. Nur noch kurz denke ich an die kratzbürstige Kollegin und den Nachbarn aus der Wohnung oben, der mich auch heute wieder nicht angelächelt hat. Kleinkindern hilft die Kuscheldecke, eine Beziehung zur Umwelt aufzubauen.

Wenn ich mich in ihr einwickle,
fühle ich mich so richtig geborgen.

Sie ist wie ein Schutzschild: Kein Ärger, kein Stress, keine dummen Kommentare können einem etwas anhaben. Wie beruhigend, wenn sie die Haut berührt. Kuscheldecken sind geschmeidig, warm, sie knittern nicht, sie sind weich, pflegeleicht und manchmal edel. So ziemlich das Gegenteil von vielen Zeitgenossen – und manchmal auch von mir. Weich sein? Wird heute oft mit Schwäche gleichgesetzt. Am besten spaziert man mit einem Schutzpanzer durch die Gegend.

Warum sind wir nicht alle im Alltag
ein bisschen mehr wie eine Kuscheldecke?
Wie leicht fällt es mir, meine Schwächen zu zeigen?
Wie schwer fällt es mir, „weich" zu sein?

Eine gute Schwäche
ist besser als
eine schlechte Stärke.

Charles Aznavour

So wie ich bin,
so wie Gott mich aus Liebe
in die Welt gestellt hat,
so darf ich sein
und so darf ich lernen,
mich auch in meiner
Schwachheit zu lieben.

Brigitte Goßmann

WÄRMENDE ERINNERUNGEN

Wenn ich morgens auf den Zug warte, wärme ich meine Hände an der Thermoskanne. Im Winter verlasse ich an keinem Morgen ohne sie das Haus. Ich nehme sogar in Kauf, ein paar Minuten früher aufzustehen, um meinen Lieblingstee aufzubrühen. Im Büro hat meine Kanne ihren fixen Platz neben dem Bildschirm. Sie begleitet mich durch den Arbeitstag.

*Sie ist meine Wärmequelle.
Sie erinnert mich, immer wieder
eine Pause zu machen.*

Während ich mit kleinen Schlucken den warmen Tee trinke, rufe ich Erinnerungen wach, die ich im Sommer abgespeichert habe. Erinnerungen sind wie eine Thermoskanne. Auch lange Zeit später kann ich schöne Erlebnisse nochmals wachrufen und mich über sie freuen. Und auf einmal wärmt der Tee nicht nur meinen Körper, sondern auch meinen Geist.

Es ist so beim Tee:
Wenn ich mich später davon wärmen will,
muss ich manchmal
einen Aufwand in Kauf nehmen –
Freunde zum Essen einladen,
ein Picknick organisieren, jemanden überraschen,
Wärme speichern.

Lange köcheln lassen

Meine beste Freundin hat mich zur Minestrone eingeladen. Schon vom ersten Löffel bin ich hin und weg. »Gibst du mir das Rezept?«, frage ich. Sie winkt ab. »Ich glaube, das ist nichts für dich«, meint sie und lacht. Als ich sie verwirrt ansehe, erklärt sie: »Das Rezept ist eigentlich ganz einfach. Aber du brauchst dafür ganz viel Geduld. Zuerst die Bohnen über Nacht einweichen lassen. Am nächsten Tag muss die Brühe lange köcheln. Je länger, desto mehr Geschmack erhält sie.« Jetzt muss auch ich lächeln. Bei mir muss es schnell gehen.

Ich scheue keinen Aufwand.
Aber etwas stehen lassen können und
einer Sache ganz viel Zeit geben?
Das macht mich nervös.
Ich schaue immer wieder auf die Uhr.

Auch wenn ich versuche, mich durch andere Tätigkeiten abzulenken: Ich kann mich nicht ganz darauf konzentrieren. »Es gibt im Winter nichts Besseres als Minestrone«, sagt meine Freundin. »Während die Brühe stundenlang köchelt, mache ich es mir im Sessel bequem und vertiefe mich in meinen Krimi.«

Zuerst der geistige Genuss, dann der körperliche.
Ich nehme mir vor, das möglichst bald auch auszuprobieren.

Essen ist
ein Bedürfnis.
Genießen ist eine Kunst.

François de La Rochefoucauld

Kein Genuss
ist vorübergehend;
denn der Eindruck,
den er zurücklässt,
ist bleibend.

Johann Wolfgang von Goethe

SEESPAZIERGANG

Gemischte Gefühle begleiten mich, wenn ich im Winter am See entlangspaziere. Keine Boote im Hafen, der Strand leer, die Eisdiele und das Strandcafé verrammelt. Im Sommer ist der Ort so voller Leben – Kindergeschrei, Partymusik, bunte Farben, der Geruch nach Sonnencreme und Pommes Frites. Aber der erste Eindruck täuscht. Mitten in der winterlichen Ruhe tut sich hier doch etwas: Enten und Schwäne tummeln sich am Ufer. Völlig entspannt und total ungestört. Endlich gehören ihnen der See und der Uferbereich allein. Ob sie im Herbst aufatmen, wenn es vorbei ist mit Lärm und Trubel? Es gibt seit einigen Jahren immer mehr Naturschutzzonen. Sie sollen die Biodiversität stärken. Trotzdem wird nach wie vor im Alltag vergessen, dass wir Platz mit anderen teilen.

So geht es mir manchmal auch mit Menschen in meinem Umfeld bei der Arbeit, aber auch privat: Wenn sie sich auf den Weg machen, spürt man, wie viel Platz sie für sich beansprucht haben, für ihre ausführlichen Berichte, welche Probleme sie erfolgreich bewältigt haben, wen sie eines Besseren belehrt haben, was die Politiker wieder falsch machen. Das tun sie so selbstverständlich, dass einem selbst gar nicht auffällt, dass einem der Raum fehlt: für meine Gedanken, meine Gefühle, meine Bedürfnisse. Man ist nicht viel mehr als ein an den Rand gedrängter Zuhörer.

*Fordere ich den Raum ein,
den ich benötige?
Wie leicht fällt mir das?
Wie viel Platz gebe ich
den anderen?*

KOSTBARE ZEIT

Schon um 16 Uhr ist es so düster, dass ich das Licht anmachen muss. Um 17 Uhr ist es draußen fast dunkel. Ich zähle jedes Jahr sehnlichst die Tage bis zum 21. Dezember, wenn die Tage endlich wieder länger werden. Etwa acht Stunden beträgt der Unterschied zwischen dem längsten Tag und dem kürzesten Tag im Jahr. Heute bekommen das viele gar nicht mehr mit: In den Geschäften und Fitnesszentren leuchten die Lampen von früh bis spät so hell, dass es einen fast blendet. Auch zu Hause dreht man überall die Lichter auf. Nur wer draußen unterwegs ist, erlebt, wie kostbar das Licht in den Wintermonaten ist. Wer gerne Zeit an der frischen Luft verbringt, muss sich in dieser Zeit sputen: Die kurzen Tage erinnern mich daran, dass Zeit kostbar ist. In diesem Winter nehme ich mir vor, das knapper werdende Gut Sonne als Erinnerung zu nehmen.

Wie viel Zeit
widme ich jeden Tag Dingen,
die mir wirklich wichtig sind?
Wofür möchte ich mehr Zeit
investieren?

KÜHLSCHRANK-MEDITATION

Bevor ich mich aufmache zum Samstagseinkauf, überlege ich: Was habe ich noch? Was fehlt? Ohne den Kühlschrank zu öffnen, versuche ich mir in Erinnerung zu rufen, welche Lebensmittel vorhanden sind. Als ich dann die Tür aufmache, bin ich überrascht: Die Hälfte habe ich vergessen! Ganz hinten entdecke ich eine Birne, die ist schon ziemlich verschrumpelt. Die muss schon monatelang rumliegen. Und der besondere Senf?

Ja, wir versuchen, Foodwaste zu vermeiden.

Aber trotzdem muss hin und wieder etwas weggeworfen werden. Ich habe einen plötzlichen Gedankenblitz: Wenn eine Person, die mich nicht kennt, einen Blick in meinen Kühlschrank werfen würde, welches Bild hätte sie wohl von mir? Was würde sie über mich und meine Familie erfahren? Mein erster Eindruck: gut gefüllt – und das auch jetzt, mitten im Winter.

Für welche Lebensmittel bin ich besonders dankbar? Welchen Luxus schätze ich am meisten?

Das echte Leben

Wie nackt liegt das Nachbarhaus vor mir. Im Sommer verdeckt das Laub der großen Buche das Gebäude – die Blätter sorgen für einen natürlichen Sichtschutz und Diskretion zwischen den Nachbarn und uns. Jetzt sind wir nicht mehr voreinander geschützt – wir haben uns im Blick. Das Ehepaar, das gegenüber wohnt, scheint ganz entspannt damit umzugehen: Ich sehe sie im Schlabberlook und mit Lockenwicklern im Wohnzimmer sitzen, er bohrt sich auch mal in der Nase und die leere Bierflasche bleibt mal auch schon mehr als einen Tag auf dem Couchtisch stehen. Es scheint ihnen nicht peinlich zu sein. Das pure Gegenteil von mir. Ich warte sehnlichst darauf, dass mich die Blätter wieder schützen. Doch je länger ich meine Nachbarn beobachte, desto mehr komme ich ins Grübeln. Was hindert mich daran, ein bisschen mehr zu sein wie sie? Was ist schon dabei, wenn sie mich in Unterwäsche sieht oder mit verstrubbelten Haaren?

Hochglanz und Perfektionismus
ist etwas für Influencer.
Mit dem echten Leben hat das wenig zu tun.
Meine Nachbarn sind ganz entspannt
und setzen sich nicht unter Druck.
Ist nicht das das echte Leben?

EINE TRAGENDE GEMEINSCHAFT

An den dunklen Abenden haben die Abendmessen eine besondere Atmosphäre. Ich fühle mich in ihr geborgen. Während im Sommer der Alltag voll ist von Zufallsbegegnungen, wie zum Beispiel ein Schwatz vor dem Supermarkt oder über den Gartenzaun, will in den Herbst- und Wintermonaten jeder schnell weiter: Bloß nicht zu viel Zeit in der Kälte verbringen! So bekommt man viel weniger mit, was die anderen umtreibt. Der Glühwein auf dem Weihnachtsmarkt? Nur ein Abklatsch von den Gemeinschaftserfahrungen im Freibad oder bei den Sommerfesten.

Auch wenn sich im Gottesdienst
alle still zum Gebet sammeln
und es kaum Gelegenheit zur Interaktion
untereinander gibt, spüre ich eine
Verbundenheit mit den Sorgen,
Freuden und Hoffnungen der anderen.
Ich bin nicht allein, ich bin Teil
einer Gemeinschaft. Da sind viele andere.
Eine unsichtbare Verbundenheit.

Was dem Einzelnen
nicht möglich ist,
das vermögen viele.

Friedrich Wilhelm Raiffeisen

Gemeinschaftsgefühl ist,
mit den Augen
eines anderen zu sehen,
mit den Ohren
eines anderen zu hören,
mit dem Herzen
eines anderen zu fühlen.

Alfred Adler

VERBORGENE SCHÄTZE

Auch in diesem Jahr nehme ich mir Zeit, meine Vorräte zu sichten. Im Laufe der Zeit sammeln sich so viele »Vorräte« an – manche nennen sie »Ballast« oder »Gerümpel«. Einverstanden, auch bei mir liegt im Keller und auf dem Dachboden zu viel Zeug rum, das ich nicht oder nicht mehr benötige. Doch das radikale Entrümpeln liegt mir nicht, ich betätige mich lieber als Trüffelschwein oder Schatzsucher. Im Keller und auf dem Dachboden zu stöbern, ist wie ein Ausflug in die Vergangenheit. Dabei stoße ich immer wieder auf Dinge, die ich schon längstens vergessen habe, wie zum Beispiel die alten Porzellangläser. Nein, die Patina lässt sich nicht mehr wegpolieren. Doch sie machen sich super für den Aperitif bei besonderen Festen. Dieses Mal entdecke ich ganz hinten im Keller einen alten Holzschlitten. Schon meine Oma war damit die Hügel heruntergeflitzt. Er wurde von Generation zu Generation weitergegeben, bis er ganz hinten im Keller landete. Wegschmeißen? In Zeiten von Nachhaltigkeit und Klimaschutz gibt es sinnvollere Alternativen. Ich staube den Schlitten liebevoll ab, dann lackiere ich ihn neu. Jetzt sieht er aus wie neu.

Ich weiß: Meine Nachbarn haben Kinder,
die langsam ins Schlitten-Alter kommen.
Ich werde ihn ihnen als Überraschung
vor die Tür legen. Anstatt wegschmeißen
und neu kaufen, setze ich auf neu herausputzen
und weiterreichen.

ERNTEZEIT

Schon seit einigen Wochen steht der Kürbis in meiner Küche. Mitbringsel vom Erntedank-Gottesdienst. Wir haben Gott gemeinsam für die Gaben der Schöpfung gedankt. Nach dem Gottesdienst wurden alle eingeladen, Obst und Gemüse mit nach Hause zu nehmen. Zum Glück sind Kürbisse so lange haltbar. Ich will noch etwas warten, bis ich ihn zu einer Suppe verarbeite.

*Inzwischen haben die Bauern
ihre letzte Ernte eingefahren.
Was habe ich in diesem Jahr geerntet?*

Ich blättere in meinem Terminkalender, ich schaue auf das vergangene Jahr zurück und ziehe Bilanz: Es geht nicht um Erfolg und Misserfolg. Ich zähle die Glücksmomente mit meiner Familie, meinen Freunden, im Sportverein, mit meinen Kollegen bei der Arbeit, mit mir allein ... Der Kalender dokumentiert, wie ich meine Zeit gefüllt habe. Beim Blättern fallen mir auch die vielen spontanen Einladungen und Treffen ein. Ich zähle die Glücksmomente ... Wie viele meiner Termine waren wirklich wichtig? Wie viele haben mir neue Erkenntnisse eröffnet? Wie viele davon haben mich innerlich weitergebracht? Wofür war zu wenig Zeit?

*Wofür bin ich in diesem Jahr besonders dankbar?
Und wie gehe ich damit um, wenn die Ernte mal nicht so groß ist?*

Es kostet nichts,
dankbar zu sein,
doch es ändert
einfach alles.

Unbekannt

Fühle die Dankbarkeit
in deinem Herzen,
wenn dir bewusst wird,
wie viel Gutes es bereits
in deinem Leben gibt.

Ruth Plege

WINTERDOMIZIL IM SÜDEN?

Immer mehr Rentner verbringen den Winter in einem Domizil im Süden. Weihnachten bei 20 Grad? Darauf mag ich gerne verzichten. Wenn die Sonne sich wochenlang fast gar nicht zeigt, und es ständig nass und trübe ist, spiele ich selbstverständlich auch mal mit dem Gedanken, wie die Vögel in den Süden zu fliegen und dort zu überwintern. Aber das ganze Jahr Sommer? 365 Tage T-Shirt und Sonnencreme? Das stelle ich mir so vor wie Weihnachten jeden Tag, nonstop Schokolade essen oder mein Lieblingssong in Endlosschlaufe. Ist zwar alles traumhaft, aber es kommt auf die richtige Dosis an. Nur weil es zwischenzeitlich nicht traumhaft ist, will ich nicht gleich die Flucht ergreifen. Sollen die anderen in den Süden fliegen, ich halte hier die Stellung.

Ich lasse mich ein
auf den natürlichen Kreislauf
und lerne den Reiz
jeder Jahreszeit kennen.

Auch trübe Tage gehören dazu. Wenn eine Jahreszeit ausfallen würde, würde etwas fehlen. So wie ein Puzzlestück. Die anderen sind weg und ich bekomme mit, wie unterschiedlich der Baum vor dem Haus aussieht – er kennt nicht nur ein Sommer- und ein Winterkleid, da sind ganz viele Nuancen dazwischen. Wenn er sich im Sommer in seiner ganzen Pracht zeigt, beeindruckt mich das gleich noch viel mehr. Ich mache Fotos und schicke sie in den Süden: Ihr verpasst etwas.

EINE GERÖTETE NASE

»Deine Nase ist so krass rot«, sage ich zu meiner Nichte nach dem Spaziergang und schmunzle. Ihr Körper reagiert extrem auf Kälte. Kaum ist sie draußen, läuft ihre Nase knallrot an – als hätte sie einen Auftritt als Clown. »Ist doch ganz süß«, mache ich ihr Mut, da mir ihr kritischer Blick nicht entgangen ist. »Du hast gut reden«, murmelt sie und ich fühle mich ertappt.

Warum findet man bei anderen Makel oft süß und sympathisch?

Ganz anders, wenn es um den eigenen Körper geht. Diesen betrachtet man oft als eine Art widerspenstiges Kind, das man erziehen muss und das sich nicht so verhält, wie man es sich vorgestellt hat.

Er oder sie will perfekt sein,
jede Regung im Griff haben.
Woher kommt dieser selbstkritische Blick?
Warum haben wir ihn uns angeeignet?

Meine Makel machen mich menschlich. Ich muss sie nicht gleich lieben oder abfeiern, wie das inzwischen online manche Influencer propagieren, aber ich kann sie ganz neutral betrachten: »Ist einfach so. Und jetzt?« Ich neige zu eiskalten Händen, meine Nichte zur roten Nase, bei jedem ist es etwas anderes. Alles kein Grund, sich zu schämen oder sich über den Körper zu ärgern. Alles kein Grund, zu viele Gedanken darüber zu verschwenden.

DEN NEBEL ANDERS DENKEN

Wenn im Fernsehen nebelverhangene Häuser, Gassen oder Wege gezeigt werden, weiß jeder Krimi-Fan: Jetzt wird es gruselig. Nebel steht für etwas Bedrohliches. Weil die Sicht getrübt ist, kann man nicht erkennen, ob und wo Gefahr droht. Verfolgt mich jemand? Lauert mir jemand hinter dem Gebüsch auf? Glücklicherweise hat so etwas noch kaum jemand aus eigener Erfahrung erlebt. Der Nebel hat sein gruseliges Image allein Krimis und Mystery-Geschichten zu verdanken. Ähnlich ist es in anderen Bereichen: So oft werden Meinungen und Haltungen übernommen, ohne dass man kritisch nachfragt. Sie beruhen nicht auf eigenen Erfahrungen. Ist das wirklich so? Gibt es Beweise dafür? Wenn ich durch das Fenster den Nebel beobachte, kann ich mich fürchten, weil mir Krimis das so beigebracht haben. Aber ich kann den Nebel auch als kreatives Übungsfeld nutzen: Die Sicht ist getrübt. Ich kann mir etwas Schönes ausdenken.

Was für schöne Dinge könnten
sich im Nebel verbergen?
Was würde mich am meisten freuen?
Wenn ich meine Fantasie ankurble,
ist eine Menge möglich.

Kreativität ist
die Intelligenz,
die Spaß hat.

Albert Einstein

Als Kind ist jeder
ein Künstler.
Die Schwierigkeit
liegt darin,
als Erwachsener
einer zu bleiben.

Pablo Picasso

Ich schütze mich

Ich gehöre zu den Zeitgenossen, die schon im Frühherbst nicht ohne Handschuhe und Mütze aus dem Haus gehen. Ich will nicht frieren, und ich will verhindern, dass meine Hände wegen der Kälte austrocknen. Mütze und Handschuhe schützen mich. Als ich meinem Bruder erzähle, wie mich die aktuellen Nachrichten wieder runterziehen, mir zu viel Energie und manchmal sogar den Schlaf rauben, reagiert er verständnislos: »Haben wir nicht schon so oft darüber gesprochen? Warum lässt du dich immer wieder neu darauf ein?« Als ich zu Hause die Handschuhe ausziehe, bin ich in Gedanken noch bei unserem Gespräch. Ja, warum bin ich nicht so konsequent wie bei den Handschuhen und bei der

Mütze? Wahrscheinlich liegt es daran, dass ich vor lauter Neugier, Fassungslosigkeit und Voyeurismus abgelenkt bin. Anders als bei frierenden Händen merke ich erst mit etwas Abstand, wie sich das auf Psyche und Körper auswirkt. Ich kann mich schützen. Ich kann meinen Nachrichtenkonsum auf ein Minimum beschränken. Ich kann darauf verzichten, mir bei Katastrophenmeldungen gleich alle Bilder und Videos anzuschauen. Ich kann dem Voyeurismus die Stirn bieten.

Warum bin ich bei anderen Dingen,
die mir nicht guttun, nicht so konsequent
wie mit meinen Handschuhen und meiner Mütze?
Vor was möchte ich mich mehr in Acht nehmen?
Wovor möchte ich mich schützen?

Kostbare Sonnenstrahlen

In Nordschweden bleibt es in den Wintermonaten den ganzen Tag dunkel, aber auch in Mitteleuropa gibt es Dörfer, die im Winter länger auf die Sonne verzichten müssen: Das Bergdorf Grengiols in der Schweiz liegt zwischen November und März im Schatten. Wenn im April die Sonne endlich wieder das Dorf erhellt, ist die Freude groß. Alle kommen aus ihren Häusern und stoßen miteinander auf den Frühling an. Das ist wohl auch bei Menschen in anderen Regionen so: Man schätzt jeden einzelnen Sonnenstrahl nie so sehr wie an den ersten Frühlingstagen. Wie kostbar etwas ist, merkt man oft erst, wenn es einem fehlt oder man länger darauf verzichten muss: Was nervt einen die gesprächige Nachbarin! Dann zieht sie weg und auf dem Flur ist es auf einmal beklemmend still. Das erste Stück Schokolade nach der Fastenzeit – was für eine Köstlichkeit! Im Frühling das erste Mal ohne Jacke aus dem Haus ...

Was ist für mich
selbstverständlich geworden?
Was vermisse ich plötzlich,
obwohl es mir bisher
gar nicht abgegangen ist?

ATEMBERAUBEND NORMAL

Ich suche ein Hotel für den Skiurlaub und schaue mir die verschiedenen Websites an. Alle Hotels zeigen sich im besten Licht: Atemberaubende Fotos von pittoresken Bergdörfern – alles tief verschneit, der Schnee glitzert im Sonnenlicht. Auch wenn heute jeder weiß, wie einfach es ist, mit ein paar wenigen Klicks Fotos zu optimieren, lässt man sich von jeder Aufnahme blenden. Man schaut sie an, ist beeindruckt und staunt. Dabei hat jeder schon selbst die Erfahrung gemacht: Egal ob Feriendestination, Hotel oder andere Beispiele, die Realität kann mit dem Bilderglamour nicht mithalten. Das Fatale: Viele Urlauber optimieren auch ihre eigenen Bilder – es soll ja nicht der Eindruck entstehen, der Urlaub sei eher mittelmäßig gewesen. So werden die Bilder und Videos immer perfekter.

Der Maßstab verschiebt sich
immer mehr: Was Menschen früher
total beeindruckt hat,
lässt einen heute kalt.
Wäre es nicht höchste Zeit,
seine Sinne neu für die Schönheit
der Realität zu schärfen?

Ein Hotel, ein Bergdorf kann schön sein, wenn es nicht so glänzt und glitzert wie in einer Hollywoodkulisse. Es hängt auch davon ab, mit welcher Brille ich etwas betrachte.

Witzige Überraschungen

Nur weil der Bus nicht auftaucht, fällt mein Blick auf den Schneemann im Nachbarsgarten. Er bringt mich zum Lächeln: Anstatt einer Möhre hat er eine Maiskolben-Nase. Wie lange steht er schon da? Warum ist er mir nicht schon früher aufgefallen? Gut möglich, dass ich vor lauter Grübeln und Kopfzerbrechen schon mehrmals an ihm vorbeispaziert bin. Vielleicht ist mir das auch bei vielen anderen Überraschungen passiert – sie wären da gewesen, aber ich habe sie übersehen. Neben mir ärgern sich zwei ältere Frauen über den verspäteten Bus. Ich mache sie auf die witzige Überraschung im Garten aufmerksam. Sie runzeln die Stirn, dann drehen sie ihre Köpfe zum Schneemann und müssen auch schmunzeln. Plötzlich haben sie ein anderes Gesprächsthema.

Wann habe ich
zuletzt eine witzige
und aufmunternde Überraschung
im Alltag entdeckt?
Bin ich offen dafür?

DEM FROST DIE STIRN BIETEN

Egal, wie fest die Grashalme in meinem Garten gefroren sind, ich habe die Gewissheit: Irgendwann kommt das Tauwetter. Bei manchen Zeitgenossen könnte man diese Hoffnung manchmal verlieren: So frostig sind sie zu einem. Dabei hat man ihnen gar nichts getan. Ich versuche, nach allen Regeln der Kunst das Eis zu brechen: ein freundliches Lächeln, die Tür aufhalten, eine aufmerksame Frage ... Aber vergeblich. Irgendwann ist man dann so gefrustet, dass man selber unwirsch und frostig reagiert. Spätestens hier sollten bei einem die Alarmglocken schrillen: Ich muss etwas ändern. Will ich wirklich mitverantwortlich sein, dass sich Gefühlskälte, Grummeln und eine abweisende Haltung in unserer

Gesellschaft noch mehr ausbreiten? Ich muss akzeptieren, dass ich nicht alle »entfrosten« kann. Anstatt zu resignieren, kann ich klar die Grenzen ziehen und mich bewusst mit Menschen abgeben, die ein so sonniges Gemüt haben wie ich. Wir können uns gegenseitig motivieren. Das soll nicht heißen, dass wir die anderen ihrem Schicksal überlassen. Manche wirken unterkühlt und abweisend und wären doch so dankbar für liebevolle Gesten und Zuneigung. Wenn ich bewusst Zeit mit Gleichgesinnten verbringe oder mich an Orte begebe, die mir guttun, habe ich neue Energie und kann mit mehr Gelassenheit einen neuen Versuch starten. Wenn ich mich dann mit Frost-Typen abgebe, haut es mich nicht gleich aus den Socken.

Welche Menschen, Begegnungen, Orte, Aktivitäten tun mir gut? Wo und wie kann ich Wärme tanken?

AUS CHAOS WIRD ORDNUNG

Draußen rattert und scheppert es. Der Sturm biegt die Bäume, selbst das tapferste Blatt, das sich bis jetzt am Ast festgeklammert hat, muss sich dem Sturm beugen. Als ich in den Garten schaue, sehe ich ein einziges Chaos. Laub, Äste und auch zahlreiche Dinge, die der Wind von irgendwo hergetragen haben muss. Auch Lebensstürme bringen manchmal alles durcheinander – manche können gelassener mit chaotischen Zuständen umgehen. Für andere sind überraschende Besuche, unerwartete Herausforderungen bei der Arbeit oder ein nicht angekündigter Wetterwechsel, der alle

Ausflugspläne zunichtemacht, ein absoluter Graus. Improvisieren gehört nicht zu ihren Lieblingsaktivitäten. Sie wollen es schön strukturiert, wenn nicht gar vorhersehbar. Der Schöpfungsbericht in der Bibel erzählt, wie Gott aus dem Chaos Ordnung macht – aus Chaotischem und Ungeordnetem entstehen zuerst die Welt, die Natur, die Tiere und dann die Menschen. Aus einer »Wüste« wird ein Planet voller Leben. Wir dürfen darauf vertrauen, dass Gott uns hilft, immer wieder aus dem Ungeordnetem Ordnung zu schaffen.

Ich kann aus dem Chaos etwas Neues schaffen.
Wie gehe ich mit Chaos um? Wie schnell entdecke ich darin die Möglichkeit zur Kreativität und neue Chancen?

DIE TÜR AUFMACHEN

Meine neue Nachbarin hat ein Schild an die Tür gehängt: »Herzlich willkommen«. Neben der Tür steht eine Laterne mit einer brennenden Kerze. Auch wenn die Tür so wie alle geschlossen ist, wirkt sie plötzlich so einladend. »Gestern hätte ich beinahe bei dir spontan geklingelt«, sage ich, als ich ihr vor dem Haus begegne. »Und warum hast du nicht?«, fragt sie. Sie betont, dass sie sich über Besuch freut und »Herzlich willkommen« nicht nur eine Floskel ist. Sie erzählt, dass ihre Schwester sogar ohne zu klingeln, die Wohnung betritt. Das sei in ihrer Familie so üblich.

*„Das war schon als Kind bei uns so:
Die Tür stand immer offen, alle waren willkommen."*

Meine Tür ist immer zu und der Schlüssel gedreht. Ich fühle mich sicherer so. Wenn es klingelt, schaue ich zuerst durch den Spion oder erkundige mich in der Gegensprechanlage, wer draußen steht. Manchmal ringe ich mit mir: Ist aufgeräumt? Bin ich gerade vorzeigbar? Falls mir der Besuch nicht genehm ist, mache ich einfach nicht auf. In meinem Umfeld ist das schon bekannt: Es muss schon Jahre her sein, dass jemand einen Überraschungsbesuch gewagt hat. Ich bin anders als meine Nachbarin und trotzdem lässt mich der Anblick ihrer Tür nicht los. Geschlossene Türen überall. Sieht eigentlich ziemlich abweisend aus. Selbstverständlich wäre es ökologisch und auch wegen der Sicherheit ein Unding, im Winter Haustüren offen zu lassen.

Aber könnte man es doch
etwas einladender gestalten? Ein Kranz,
eine Laterne, Tannenzapfen, ein Schild …
wie würde sich das machen?

WINTERSEGEN

Gott möge dir
an kalten Wintertagen
wärmende Begegnungen schenken
und Menschen,
die mit dir die Hoffnung
auf hellere Tage teilen.
Er öffne dir die Augen
für die vielen kleinen Lichter,
die inmitten der großen Dunkelheit
zu entdecken sind.

Er halte seine
schützende Hand über dich,
dass auch der bedrohlichste
Sturm dir nichts anhaben kann.
Möge er dich gut behütet
durch den Winter bringen.

Texte: S. 16, 99 aus: Ruth Plege, Lebe achtsam. Mehr Ruhe und Gelassenheit, © 2019 Butzon & Bercker GmbH, Kevelaer; S. 25, 62: Die Bibelstellen sind der Übersetzung Hoffnung für alle® entnommen, Copyright © 1983, 1996, 2002, 2015 by Biblica, Inc.®. Verwendet mit freundlicher Genehmigung des Herausgebers Fontis.; S. 35 aus: Ruth Rau, Dankeschön-Momente, © 2018 Lahn-Verlag in der Butzon & Bercker GmbH, Kevelaer; S. 55 aus: Franz Hübner, Lass das Glück in dein Herz, © 2010 Butzon & Bercker GmbH, Kevelaer; S. 75 aus: Brigitte Goßmann, Oasen der Ruhe und Gelassenheit, © 2018 Butzon & Bercker GmbH, Kevelaer

Abbildungen: Cover: © tatiana_davidova (Teekanne); Cover, Vor- und Nachsatz, S. 1–123: © Feodora_21 (Hintergrund, Zweige); S. 8f. : © dariaustiugova (Kekse, Buch); S. 16: © nataliahubbert (Keks); S. 18: © Julia Tochilina (Fuchs); S. 24: © imaginando (Kerze); S. 26, 30, 33, 42. 44f., 47, 51, 70f., 77, 87, 88, 92, 114, 118: © kris_art (Schlitten, Fahne, Schneeflocken, Herzen, Tatzenabdrücke, Schneemann, Zweig); S. 32, 120: © svetla27 (Engel, Tannenzapfen); S. 34: © Евгения Савченко (Feder); S. 38: © Marina Zlochin (Haus); S. 40: © Nikole (Vogel); S. 46, 74, 84, 88f.: © MarinaErmakova (Laterne, Kerze, Haus, Baum); S. 48: © Mariia (Kerze); S. 50: © Chica (Schneeflocke); S. 54, 80, 88f.: © astaru (Gebäck, Milchkrug, Sieb, Sternanis, Schneebesen) S. 56: © Kateryna (Kugel); S. 58: © 時々雨 (Zweig); S. 60: © Rina Grinchik (Kompass); S. 62: © Julija (Vogelspuren); S. 64: © alinaosadchenko (Plattenspieler); S. 64: © Chica (Noten); S. 66: © baddesigner (Reißverschluss); S. 70: © kittikorn Ph. (Hände); S. 78: © izumikobayashi (Topf); S. 82: © Bianca (Schwan); S. 90, 119: © styleuneed (Fisch); S. 94, 104: © zenina (Auto, Leuchturm); S. 98: © alinaosadchenko (Bonbons); S. 102: © Лена Романчук (Keks); S. 104: © Alexandra (Palette); S. 110: © magicmary (Sonne); S. 112: © alinaosadchenko (Kamera); S. 122: © zzorik (Herz) – alle: stock.adobe.com; S. 5f., 8, 12, 14, 20, 23, 28f., 36f., 52, 59, 72, 76, 88, 91, 96f., 111, 108, 116: © pikisuperstar – freepik.com (Kerzen, Pullover, Mütze, Herz, Birne, Kürbis, Pilze, Decke, Tasse, Teekanne, Eicheln, Blumen); S. 22, 68, 100f.: © freepik.com (Handschuhe, Socken, Sonnenschirm, Cappi)

Bibliografische Information der Deutschen Nationalbibliothek
Die Deutsche Nationalbibliothek verzeichnet diese Publikation in der Deutschen Nationalbibliografie; detaillierte bibliografische Daten sind im Internet über http://dnb.d-nb.de abrufbar.

Das Gesamtprogramm von Butzon & Bercker finden Sie im Internet unter www.bube.de

ISBN 978-3-7666-3600-3

Umschlaggestaltung: Tanja Manden, Kevelaer
Layout und Satz: serfling.media, Leipzig